Español
Ciencias

La Luna

por Carmen Bredeson

Consultores
Orsola De Marco, Ph.D.
Museo Americano de Historia Natural
Nueva York, Nueva York

Jeanne Clidas, Ph.D.
Consultora nacional de lectura

Katy Kane
Consultora de educación

Traductora
Eida DelRisco

Children's Press®
Una división de Scholastic Inc.
Nueva York Toronto Londres Auckland Sydney
Ciudad de México Nueva Delhi Hong Kong
Danbury, Connecticut

Diseñador: Herman Adler Design
Investigadora de fotografías: Caroline Anderson
La foto en la cubierta muestra la Luna.

Información de Publicación de la Biblioteca del Congreso de los EE. UU.
Bredeson, Carmen.
[Moon. Spanish]
La luna / Por Carmen Bredeson.
    p. cm. — (Rookie Español)
Incluye índice.
Resumen: Una introducción simple a las características físicas, la órbita, y los
esfuerzos hechos para explorar la luna de la Tierra.
ISBN 0-516-24447-7 (lib. bdg.)   0-516-24696-8 (pbk.)
    1. La Luna—Literatura juvenil. [1. La Luna. 2. Materiales en lengua española.]
I. Título. II. Serie.
QB582. B7418 2004
523.3—dc22

                                                                              2003016583

¿Qué son esas áreas oscuras
que hacen que la Luna
parezca una cara?

Un volcán de la Tierra

Son lagos de lava endurecida.
Hace mucho tiempo, la lava
caliente salió a borbotones
de los volcanes de la Luna.
Se enfrió y endureció.

Desde la Tierra, la lava
oscura parece el "Hombre
de la Luna."

La Luna probablemente
fue parte de la Tierra.

Una roca enorme del
espacio golpeó la Tierra
hace cuatro mil millones
de años. Esa roca hizo
separar pedazos que se
convirtieron en la Luna.

8

La Luna tiene muchos huecos grandes llamados cráteres.

Las rocas espaciales formaron los cráteres cuando chocaron contra la Luna.

Casi todos los cráteres son muy antiguos.

La Luna tiene alrededor
de un cuarto del tamaño
de la Tierra.

Imagina que cortamos la
Tierra en cuatro pedazos.
La Luna sería del tamaño
de uno de estos pedazos.

La Luna no tiene luz propia.
Ella refleja la luz del Sol igual
que un espejo refleja la luz.

La Luna da una vuelta completa alrededor de la Tierra cada cuatro semanas.

Durante su viaje, las diferentes partes de la Luna reflejan la luz del Sol hacia la Tierra.

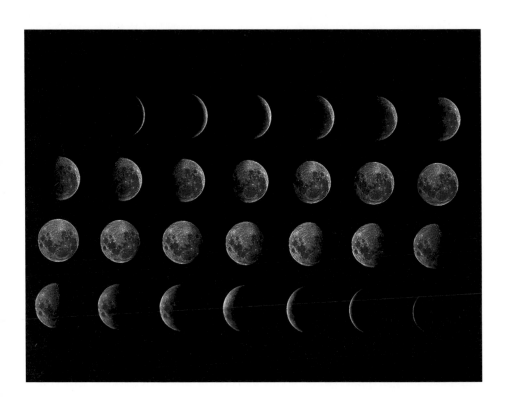

16

Es por eso que la Luna parece cambiar de forma.

La cantidad de Luna que vemos, cambia.

A veces, el Sol brilla en
toda la parte de la Luna
que está frente a la Tierra.
La llamamos luna llena.

A veces sólo vemos
un cuarto de la Luna.

Otras veces, sólo vemos una
tajadita muy fina, llamada
luna creciente.

A veces no vemos nada
de la luna.

Vimos la Luna de cerca por primera vez en 1969, cuando los astronautas llegaron allí. Vimos el aterrizaje en la televisión.

24

Los astronautas tuvieron
que usar enormes trajes
espaciales y tanques de aire.
En la Luna no hay aire
para respirar.

Doce astronautas han caminado sobre la Luna. Ellos han traído a la Tierra 800 libras de rocas de Luna.

Los científicos estudian las rocas para aprender acerca de la Luna.

¿Te gustaría tocar una
roca de la Luna? Puedes
tocar una en museos de
Texas, de Florida y
de Washington, D.C.

¡Imagina deslizar tus
dedos por un verdadero
pedazo de la Luna!

Palabras que sabes

astronauta

cráter

luna creciente

luna llena

traje espacial

volcán

Indice

Acerca de la autora

Carmen Bredeson ha escrito docenas de libros informativos para niños.
Vive en Texas y disfruta viajar y hacer investigaciones para sus libros.

Créditos de fotografías